우리어매의 쪽박

손인식 전원시선 · II

| 차 례 |

제1부 모당골 옹달샘

제2부 생의 여정

제3부 우리어매의 쪽박

제4부 행복이라는 놈

제1부

모당골 옹달샘

모당골 옹달샘 · 1

횟대 위 씨암닭
퍼더덕 퍼더덕
회치며 꼬끼오 꼬끼오

새벽녘 깊은 그림자 드리우고
장독대 사구 일으켜
따뱅이 챙겨다 머리위에 이고

사립문 살며시 열어
오솔길 따라 휘엉청 님보다 먼저
맑은 샘물 길로 향하네

펴 놓은 산자락 아래 숲 모당골 옹달샘
한바가지 또 한바가지 소담하게 담아 이고
검은 그림자 짙게 깔리운

새벽녘에도
훤히 동트는 날샐 무렵처럼
비탈진 골목어귀

하이얀 서릿발 얼어 붙어도
돌뿌리 가득 채이질 않고
시어른 깨실라 살며서

아무데나 쏟아 붓고는
살포시 감도는 오솔길 헤쳐
자연의 걸작품 신비의 비경속으로 향한다.

모당골 옹달샘 · 2

옆집 순이네 엄마랑
꼬불 꼬불 오솔길 따라
모당골 옹달샘 소담하게 담아 이고

소복히 눈 쌓인 내리막
오솔길 솟은 돌뿌리
산토끼 다니던 길처럼 비켜서고

사립문 사이로 들고는
정재 너머 소담하게 쏟아 붓는다.
모당골 맑은 옹달샘

몇 바퀴련가
검은 그림자 자취 감추어 들고
새벽녘 동틀무렵

회치며 꼬끼오 꼬끼오
막차 탄 씨암닭

울어 시각 알려 주면
시집살이가 이러 하련가.
한숨 절로 나온다.

모당골 옹달샘 · 3

사랑방 시어른
재털이 탕탕
긴 담배대 털고

어험 어험
큰 기침 소리에
며느리 아침 문안인사 올리고

사구에다 곡식담아 싹싹싹
손 시리게 곱게 씻어다
조왕 솥에다 살며서 붓고

아궁이 불 지펴
솥뚜껑 사이로 눈물 새어 나오고
터렁터렁 밥물 넘치면

지펴 놓은 불 끄집어 내어
뜸 들일 때
순이야 식아 아이들 깨워

아침 먹여 학교보내고
왠 종일 길삼을 짤땐
초생달 언저리 긴 한숨 절로 나온다네

우리도 이젠 부모이련가
이 세상 제일 소중한건 자식이라지만
품속에 자식이라 자식밖에 무서울게 없다오.

모당골 옹달샘 남 몰래 맑은 물 뜨다.

해변가

반짝이는 모래톱위에 사뿐히
한발자욱 한발자욱 추억 남기며
옛 추억 되씹을 적에
그저 허허로울 뿐입니다.
생의 여울목 저물어
가진것 없어
가질것도 너무 많아
버릴것도 너무 많아
그저 허허로울 뿐입니다.

구름 몰고 다니는 하늘 다 담고
넘실대는 파도위에
아름드리 부푼꿈 실어
저 멀리
넓디 넓은 바다위에
띄워 보고픈
앳띤 소녀의 바램처럼
마음 설레입니다.

시골 아침

어두움 찾아 드는
새벽 동틀무렵

작은 문틈사이로
어느새 눈부신 햇살이 인사 나눈다.

감나무가지
까치 색동옷 입고 나와

하루를 시작하는 아침을 알린다.
휭하니 한바퀴 논 물가 돌아

환한 웃음 사이로
소슬바람 스쳐가고

아궁이 불 지펴 끓이는 쇠죽
뚜껑사이 구수한 내음 새어 나오고

부엌에서 들려오는 구수한 내음에
아침 상을 그리워 한다.

한껏 펼쳐 보는 오색무지개

오늘을 시작하는 희망 찬 하루를
풍요의 꿈을 거는 귀중한 담보물

산사길 바람

산바람이 산길을 따라 불어온다
향내 가지런히 하고 숲을 헤치고 달려온다
산길 높은 곳에서 솔솔 달겨든다

산사 오솔길 헤집고
산골물이 산골따라 흘러 내린다
바위 틈새 비집어 헤치고 흘러 달겨든다
산골 깊은 계곡 졸졸 흘러만 내린다

산에 올라 산바람과 같이
산사 마음 가지런히 메어 두고
푸른 이름표 얻어 달고
높은 산길따라 가고 싶다

높은 산사 길따라 끝없이 마냥 걷고 싶어라.
산에 올라 산골 물과 함께 말없이 흘러만 가고 싶어라.
산사 올라 향내 마음에 묻고 산바람 벗삼아
맑음의 이름표 얻어 달고
졸졸 끝없이 맑에 흘러만 가고 싶다
깊은 산골을 무작정 걷고 싶다.

제2부

생의 여정

생의 여정

인생의 여정은 뜬구름처럼
일순간 스쳐가니 춘몽 같은데
아이로 자라
백발의 노신으로 오기까지의 발길은
추억으로만 남고

그 거친 여정 속에 삶을 일구었다 해도
무거운 올의 족쇄를 풀고
누님 같은 아련한 향기에
세월 속에 묻어 버린 악몽
추억으로 걷어올린다.

흘려버린 세월 속에
인생을 녹여담고
시시각각 다가오는
죽음의 사자와 담판을 낸다.

근심이 많으면 마음도 흐트러지고
세월의 무상함만 더해준다.
머물다 언제런가 떠나야 하는
세월의 여백에 바람만 인다.

저물어 가는 세월 속에 함께하고픈 사람

별 소식이 없는 듯 이리 살아가더라도 마음 한 켠엔
보고픈 그리움 두어
보고 싶을 때면 살며시 꺼내어 보는
사진첩의 얼굴처럼 반가운 사람
그 사람이 당신이었으면 참 좋겠습니다.

한참 동안 뜨음하여
그립다 싶으면 잘 지내느냐고
붓들고 편지 띄워 안부라도
물어 보고 싶어 지는
잊지 않고 풋풋한
나의 기억속에 남아 있는 사람
그 사람이 바로 당신이었으면 좋겠습니다.
살아가면서 왠지 붙잡고 싶은 사람이 있습니다

세월이 흘러 그만 잊은 듯하여도 문득문득
생각에 설렘도 일어 그러하듯
흙속에 갈 수 있는 애틋한 이 하나 없어도
내 죽으면 술 한잔 부어 시 한 수에 눈물 한방울
뿌려 줄 이 없어도 막연한 그리움 하나쯤 두어
가슴에 심어두고 싶은 사람
그 사람이 당신이었으면 참 좋겠습니다.

어쩌다 소식이 궁금해 지면 잘 있는 거냐고
몸은 건강하냐고

휴대폰 속 젖은 목소리라도
살포시 듣고 싶은 사람
그 사람이 정말 당신이었으면 참 좋겠습니다.

우리 어매 늙지도 말았으면

봄도 가을도 날 찾지를 말어라
젊은 이 몸 다 늙었어라.
이 한 몸 늙거나 말거나
우리 부모님
영원히 늙지 말았으면 좋으련만

백발이 채 먼저 알고 찾았더니
서러운 통곡 속에
하늘마저 늙으니
말없이 흘러가는
세월만 탓하려 하는구나.

이 몸
낯짝도 뻔뻔하지
이 잘난 얼굴색 어디로 달아나는가

낙동강 물은
돌고 돌아서
남해 바다로 가는데

이 몸은
돌고 돌아서
어디로 가려 하는가.

탐욕의 사슬

욕망의 사슬에 얽매여 허우적이다가
행복이란 걸 잊어버리고
명예 탐욕 날이 선 시퍼런
권력에 끌려 다니다가
끝내 불행을 자초하고 만다.

낮춤의 저울로 다가서면
행복은 비둘기처럼 내려 앉는다.

불행은 스스로 만드는 것이지만
행복은 남에게 보여주는 것이다.

화목하고 따뜻한 마음으로 사랑하고
돈으로 살 수 없는 행복
행복은 스스로 만들어나갈 수 있다.

명예 권력 탐욕이라는 사슬에 얽매여
나라는 존재 가치를
불행으로 죄다 버리지 말고
맑은 삶 속에는
명예도 탐욕도 권력도 끝내 허망한 것
자기 가치를 헤아려
행복의 문을 두드리자
열릴 것이다.

병상 일기

바쁜 길 뒤처져 병상에 주저앉아
아픔의 여울목에서
퀭한 눈을 들어
환상의 계단을 눈물로 씻어내린다.

불타는 칠팔월에 나자빠져서
복통을 일으켜 비명 횡사하고
아픔만 찔끔찔끔 찍어먹는다.

그 그늘진 구석에
진초록 번진 꿈의 미소는
서러움의 미소로
고통에 지쳐버린 불멸의 몇개월 밤을
가슴앓이 멍에만 걸머지고

병상의 고독 속에 분출해낸 기억들은
심한 오한과 몸살을 앓게 된다
잃어버린 삶은
거센 파도 속에 끝없이 밀려
동짓달 긴긴밤
뜨락에 버려진 얼음 언 땅 위의 달빛으로
그림자 되어 얼어붙고

수술대 위에 던져놓고
집도해 가는 의사의 손에 분해된 뼈조각

하나하나 조립해 가면서
쪽빛하늘 유성이라도 떨어지길
기다려보면서
혼자 앓는 몸 까무라칠 때
생명도 세월도 무정하게 가고 있구나.

달팽이

보기에는 역겨워 보일지라도
운명에 거역하지 않는 온순한 동물
자연에 순응하고 순종하며 타협해 가면서
생긴 그대로 살아야지
무에 그리 부끄럽다고
놀란 토끼처럼 단단한 껍질 속에
몸을 움츠려야 하나

한 줄기의 잎으로야 성 안 차는 갑갑증이
한 줄기 밝은 빛으로야 성 찰 리 없지
뱀이 허물을 벗듯
훨훨 벗어 버리고도 싶겠지
비틀비틀 거리다 꿈틀꿈틀
무엇에 부딪혀 봐도
피 맺히게 갈구한들
현실의 무게에 짓눌려
허우적이다 지쳐
껍질은 항상 그대로인 걸

이 다음 후세에서
그 껍질 태워 묻어버리고
풍요롭고 순박한
저기 아프리카 원주민처럼
벗고 춤추는 자유인 되어
살아가는 것도 괜찮겠다.

동면의 경제

눈을 앞세운 동장군이 발광을 하고
수런 거리던 대지가
온통 꽁꽁 동여매어 버린 황야

윙 윙
휘젖는 삭풍에
동면에 들었을 적에

경제도 얼어붙고
마음도 얼어붙고
심어 놓았던 꿈도 얼어붙어
눈물을 마신다.

일자리 잃고
찾아 헤매어도
기다려 주는 이 없고
친구 찾아가 봐도
앵 돌아서 버리니

무절제한 소비
무능한 정부

봄눈 녹듯
산들바람에 마음과 경제는
눈 녹듯 언제 녹으려는가.

모내기 시절

샛강에
멱 감던 시절
서산마루 해는 설핏 기울고
모내기
허리는 끊어져라 아픈데
못줄은 순식간에 넘어오고
뒤돌아보는 논둑은
아득히 멀기만 하다

주먹밥 하나로 때운 뱃속
쪼르륵 소리에
서러운 눈물만 마신다.

어른들 틈에 끼어
부지런히 모를 심지만
아차 하는 순간 내구역에
빈 곳이 생기고 만다.

허둥지둥 하는 내 앞에
텀벙 소리를 내며
모침이 떨어지고
흙탕물을 뒤집어쓴다.

눈없는 시간 한움큼 지나가고
귀없는 어둠 조각

살금살금 기어와 눈을 가리면
그때서야 그만두는 모심기
못줄 넘겨 모심기 옛말
머잖아 식량은
무서운 무기로 변할 것이다.

형제의 우애

병든 육신의 고통보다
마음이 아프다는 것은
고통스러운 것이다.

외로울 때는
형제밖에 없는 것이구나.
서로 아끼는 미덕이 있어야 하는구나.

심기가 불편하면
혼란을 초래하고
마음이 초조하면
시간이 왜이리 길까
왜이리 답답해지는 것인가

사람이 산다는 것은 풀잎에 매달린
아침이슬과도 같은 것

새로운 인생길로 가는 것이 죽음이라
날아가는 새도 해가 저무는 것을 안다.

떳떳이 살아왔던가?
그 깊은 상처가 쉬이 없어지겠는가?

어제는 젊음이었고
오늘은 백발이 성성한데

내일이면
한줌의 흙으로 되돌아갈 것을
형제의 우애는
서로 아끼는 미덕이 있어야 하는구나.

천생배필

부부는 사회의 근간을 이루어내는 가정의 핵심
어른을 공경하고 자녀를 양육하며 세대를 이어가는 연결고리
다정하고 화목한 가정은
부부의 금슬에서 시작되리라

거문고와 비파의 아름다운
화음의 금실이라
백년을 아침처럼 여겨 금슬을 타듯이 한다면
그 이상의 부부 화합은 없을 것이다.

가족 가운데 피가 섞이지 않은 사람은
바로 남편이고 아내이려니
부부 사이는 하늘이 맺어준 천생배필
가정은 무게 중심인데
아쉽게도 사회가 발전할수록
가정의 울타리는 쉽게 무너지고
이혼이라는 파탄의 길로 들어선다.
부부의 이별은 가정의 해체를 의미한다.

청소년 문제를 비롯한
온갖 사회 문제가 시작 된다.

고통의 한가운데 서 있을 때
서로 존경하고 신뢰하는 화목한
부부의 모습은 아름답다.

불심

슬쩍 스쳐가는
비와 바람은
치맛자락처럼 휘말려오고
연지빛 물결은 분결처럼 곱구나

넘실거리는 석양 속에
산사에서 울려 퍼지는 범종소리
일백 팔번을 울리고

밤하늘 둥근 만월이
교교로운 월광을 뿌리고
무정한 세월은 멈추질 않는구나

인생의 수레가 끝없이 흘러가듯
한많은 인생 그 기나긴 여행길
무엇이 나를 붙잡아 매어두던가

웃음과 눈물이 범벅되어도
예나 지금이나
불심에 매달리지 않았다면
피빛 한은 어디다 풀었을꼬

빈자리

사람이나
뱀이
지나간 자리는 표시가 남건만
집에서 키우던 짐승의 빈자리는
매울 수 있어도
사람이 떠나간 빈 자리는
매울 수가 없구나

함께 살던 피붙이들
떠나버리면
새록새록 생각나는 것은
과거의 그 모습 메울 길 없다.

미움은 간 곳 없고
그저 허허로움 뿐입니다.

부부

둘이 오붓하게
사는 날까지 살다가 갑시다.

바쁜 세상 아웅 다웅하다 가도
서로 몸 부대끼며 살아가는 부부

자식들 내 몰라라 해도
당신 가는 날
나도 함께 가리라
다짐해 놓고

늙을 때 부모와
젊을 때 부모가 어떠한가
젊을 때 부모는 필요로 하고
늙고 병들 때 부모는
자식들 내 몰라라 서로 떠민다.

열 자식보다
악처 하나가 낫다는 옛말
거짓 용어가 아니더라.

부모 자식 갈 길 따로인가 보다

자식들 가야 할 길이 있고
부모가 가야 할 길 따로 있는데
함께 어깨 맞대고 웃으며
즐거웁게 가야 할 길이 아닌가본데
발목을 잡고 늘어지는구나.

잘못된 길 들어서려 하고
자기들 주관대로
살아가려는 행동 외면하고
강 건너 불 보듯
지켜보고만 있어야 하는가.

옛적엔
주경야독해 가며
공자 맹자의 뜻을 헤아리고 따르며
참 되고 어른 공경하고

앞으로 가야 할 길은 첩첩인데
야 이놈들아
앙앙 불락하지 마라

자식 농사보다
창조로운 게 없다만
빈 껍질 뿐인 헛농사라
허허 헛웃음만 새어나고

뼈에 사무치는 섬뜩한 기억들이
섬광처럼 스쳐지나간다.

미련한 것보다 쌀쌀맞은 게 낫다

별빛 떨어지는 해변으로
달려가고 싶다.

황금빛 모래톱 위를
어느 누군가와
사뿐히
한발자욱 한발자욱
추억 되씹고

부푼 꿈
가득 실어 띄워보고픈
앳된 소녀처럼

사랑 얘기 속삭이며
무작정 걷노라면
때 묻은 군상 가운데
떠오르는 것은

여우와는 함께라도
곰이라면 싫구나.

가을 밤

토실 토실한 밤이
가을을 향해 웃고 있다
가을의 맛
고소하고 탐스럽다.

활짝 웃으며 떨어지는 밤송이
머리에도 등허리에도
몸서리치게 따가와도

화롯불에 톡톡 튀는
한톨의 밤
호호 불며 구워먹던 시절
질 화로가 그리웁다.

겨울에 모래에 묻어놓고
제삿날
옹송거리는 한겨울 제 살 드러내는 밤
침이 절로 목구멍을 넘나든다.

그믐날 바가지 쓰고
밤 서리 가던 시절이 그립다.

연극 같은 인생사
옛 추억이 되살아난다.

죽음에는 순서가 없다

삼신할매는
인간이 태어날 때
순서대로 내려보냈지만

염라대왕은
데려갈 때 순서가 없구나

인간의 잘못으로
선택 된 목숨을
아껴쓰지 못하고
마음과 육신을
함부로 내돌렸으니

신이 점지해 준
아까운 목숨
제 아무리 발버둥쳐봐도
허약하기 그지없는
인간인들 어찌하랴

공생공존

윤회의 억겁 속에
인간이나 짐승이나 뭐 다를 게 있나
개는 천성이 좋아서
주인을 구하고 따르지만
죽어서도 괭이는 앙갚음을 한다.

화개미 줄지어 고사목 등을 타도
자연을 되살린다.
죽어가는 흙을 정화하는 청소부

부지런히 숨겨 놓은
꿀벌의 양식을 몰래
인간들이 빼앗아 먹어도 원망 없고

개미공룡들은
인간들과
진화 하는 과정이 다르지만
지구상에서 함께 생활해 가는 이웃이다.

조그만 미물이라도
죽여서는 아니된다.

자연이 만들고 다듬어 놓은
공생공존
자연의 법칙에 순응하고

자연이 허물어지면
윤회의 억겁 속에
언젠가 우리도 떠나게 된다.

설 명절

선산 던져 버리고
때묻은 선조의 초가삼간
세간살이 죄다 버리고
땀 흘려 일구어 놓은 한뼘의 땅일지라도
훌 훌 벗어버리고
고향 떠나가 버린 형제 피붙이들
제 갈 길 찾아
고향 잊고 사는 지 오랜 세월

잘못 되면 조상의 묘 탓
잘 되면 자기 몫
설 명절 다가서면 이 핑계 저 핑계
벌초와 성묘도 잊고
제삿날 잊고 산다 해도
핑계 없는 무덤 없으련만

세월 변한다 해도
사람의 도리는 변해서는 아니되는 것을
밤의 새여, 너는 보았는가

먼저 태어난 죄밖에 없다만
부모님 모시고 죽을 때까지
선산 베고 그렇게 살련다
타고난 숙명인 것을 외면할 수가 없구나
고향은 영원한 안식처이다.

봄동산

봄동산에
꽃나비 어울리듯
화창한 봄날
중천에 머물러
오도가도 않던 해는
늘그머니 앵돌아져
뉘엿뉘엿 석양이 될 무렵

땅거미 산 밑으로 덮여
엉금엉금 기어 올라가고
들녘에 봄기운이 아련하구나
그 아련함은
땅에서 하늘로 자욱하다.

환상적인 자욱함은
그냥
머물러 있는 것이 아니라
살아서 숨쉬며 움직이고 있다.

저 높은 곳을 향하여
아른아른 피어
꼬불꼬불 기어오른다.

겨울이 풀리고
얼었던 산천도 풀리고

사람들의 모습도 풀리고
기다렸던 매화의 봉우리가 맺는구나.

저수지의 밤낚시

쩡쩡 소리질러 몸살하는 빙판
죽은듯이 누워 숨죽인 얼음살
거대한 대자연의 매운 매질
쩡쩡 슬피우는 저수지에 바람 일고
하얀 눈비늘이 가루날린다.

으스스 몸살기 살아 숨쉬고
그리움에 찌든 가슴 살아숨쉬면
바늘 같은 바람이 뺨을 후려친다.

동장군 기세가 발광을 하면
아랫목 질화로가 그립다.
그 속에 제 몸 녹이던 밤 지쳐
톡톡 소리내어 울먹이던 군밤소리
그래서 좋았던 옛시절
합장하듯 모은 두 손에 꽁꽁 언 장대가
연옥 같은 낚시줄에 길게 매달려
윙 윙 대는 삭풍에 울음을 토해낸다.

턱밑에 내리는 고드름 겨울꽃이 쌓인다.
이맘 때면 아랫목 질화로가 그립다.
졸음 찾아드는 옹송거리는 언 새벽
오늘 매정하게도 입질하는 놈 하나 없구나
내달리는 매서운 삭풍
아, 시리다

동틀 무렵 땅거미 위로
보실 보실 기어다니는 밥내가 몹시 그립다.
아 너무 매서웁고 시리다.

새벽에 서서

구름에 밀려난 만월이 빛을 쏟아 붓고
퍼득이는 잎새
골목어귀 쫓겨난 바람 일어 휘리리 휘 휘
어둠에 짓눌린 꽃잎이
살포시 호수에 드러눕는다.

틈새 간간이 들려주던
풀벌레 장난기 섞인 말도
땅으로 드러눕는다.

한두레박 청수를 부어 빙수가 된
저 별들의 속삭임
새벽에 파고들면
다시 바람이 인다.

나뭇가지 매달린 달은
찻잔에 부딪혀
동그란 그림자 던져 놓고
훌쩍 떠나버린다.

사랑도 죄인가

사랑하는 사람
제자리로 돌려놓을 줄 아는 사람
뜻 깊은 사람이요
사랑할 수 있는 자격을 가진 사람이다.

사랑 없이 믿음 없는 인생은
아무런 의미가 없다.
사랑은 모순된 감정인가
오르지 못할 나무 쳐다보지도 말라는 것이 옛말이었던가
세상 많은 사람들 중에
비슷한 사람끼리 만나
사랑을 나누어야만 하는가?

사람이 사람을 만나 좋아하는 것도 죄이런가
사랑할 수 있다는 것은
살아 숨 쉰다는 증거이다.

정을 잊고
자기를 조종할 줄 알아야
번뇌에서 벗어날 수가 있다

세월은 고마운 벗

잡힐 듯한 저 산은 아늑하기만 하고
흘러가는 저 강물 아늑하기만 하는구나.
산과 물이 아늑하니

어제 밤 새어 나고
검은 그림자 엉금엉금 기어 달아나니
새 날 밝아
아무리 기다려도 오지 않네

꿈도 아늑하고
님도 아늑하니
답답한 마음에 하늘마저 늙는구나.

노래 불러봐도 노래가 아니고
비 오고 바람 부니
님 기다리는 마음
얼마나 근심스러운가.

삭풍은 나무 끝에 불고
명월은 눈 속에 찬데

꽃잎처럼 곱게 접어둔
우리들의 옛 추억

세월은 고마운 벗
우리도 함께 늙어간다.

겨울 철새

푸르름 뽐내던 부드러운 잎새가 떠난 지금
꽁꽁 언 하늘 언 땅이 왼종일 바람을 실어나르고
깃털 여미는 바람이 매섭다.

설화에 젖은 산열매는 옹달샘도 먼 기억 속으로
맴도는 밤 언 하늘 사이 그리던 달님도 간 곳 없고
고운 풀잎으로 이불 엮어 한자락 끌어 당겨 본다.

오늘 밤 꿈의 먼 여행길 재촉해 보지만
뒤척이다 살며시 창을 열어보니
소복소복 눈이 내리고 있다.

가을 가던 날 저 능선 날아 넘어서면
빨간 열매가 숲속에서 익어가고 있었지
그곳에서 날개짓 한번 더하고 날아오르면
옹달샘이 속삭이며 반겨주었지
그 너머 산자락 아래 모락모락 연기가 새어나고
그리던 밥상이 차려지고
오손도손 둘러앉아 정담이 샘솟고
개 짓는 소리 들렸지

푸르고 그 부드러운 잎새가 떠난 지금
한두레박 청수를 부어 빙수가 된
저 별들의 속삭임
초승달님의 웃음소리

잉잉 대는 삭풍 소리를 주워 담는다
내일 아침 잠에서 깨어나면
새 세상에서 푸른 하늘 길 찾으리라.

자갈치시장

마음이 트이는 바닷가에 왔다.
넘실대는 파도가 바다를 삼키고
물결 퍼덕이는 자갈치시장
사이소 사이소 외침소리에
팔을 뻗으면 잡을듯한 그대를 만나고야
좁은 공간에서 퍼덕이던 차가운 눈
외면한 채 이별을 고한다.

우리는 어이 이리도 어렵게 만났던가.
을숙도 하구둑 동에서 서에서 서성이던
외로운 너와 나의 서러움의 만남
해풍이 지나듯 오륙도 등대 돌아
구름 몰고 다니는 하늘 다 담고
넘실대는 파도속에 어두운 숲 지나던
아 원영의 그 외로움

어제 너와 나의 체내에는
혼혈의 아가미가 숨쉬고
비릿내 출렁이는 자갈치시장
새해에 제삿장으로 손을 모으면
춤을 추는 먼 태고의 안타까움

우리는 이리 만나서 신에게 바쳐지던가
신의 길을 가야 하고 신의 길을 따라야만 하는가.
한몸이 되고 마음까지 하나가 되어
푸른바다 서러움을 씹어가는가.

봄에 취하면

봄이 울먹이던 겨울 밀쳐버리면
푸른 카펫 펼쳐 놓고
그 그림자 새로
푸르게 수놓아 펼쳐 놓은 카펫에 기대어
어찌 푸른 봄을 만끽하지 않으리
백옥주 한잔에 어찌
푸른 노래 읊지 않으리

나뭇잎 사이로 해가 비치면
부실지라도 눈을 감지 말아야지
그래도 눈이 감기면
푸른 카펫에 누워
푸른 춘몽에 젖어볼 거다
열채의 기와집을 짓고
허물어도 볼 거다.

소슬바람 불어와
내 마음 간지럽히면
훌쩍 한번 떠나보자.

놓아 버리고 나면
벗어 버리고 싶을 거다
벗어 버리고 나면
소슬바람이라도 좋고
폭풍속이라도 좋을 거다

그러다가 봄에 취하면 어떡하냐고
까짓것 맘껏 취해 버리면 되지 뭐

떠나는 겨울

겨울이 하늘을 이고
겨우 버티어 섰는데
짓눌린 겨울이 매화향기에 서러워
겨울이 설화와 함께 떠나려 한다.

너무도 시린
투명한 하이얀 빛깔
막 울어버릴 듯한
커다란 눈망울에
겨울을 담았다.

시리게 차갑다
후회한들 어쩌랴
마음 접어두고
밝은 눈으로 세상을 보자.

시려서 슬픈 하늘과
저 붉게 타오르는 노을을
우리 함께 담아두자.

아름다운 인생

고통은 급난의 연속이고
파도처럼 밀려온다.
고생을 해 보아야
인생의 참뜻을 안다.

간사한 게 사람의 마음이라
변화무상하구나
마음의 무거운 짐을 내려놓으면
마음의 건강을 되찾을 수 있다.

인생은 아름다운 것
삶의 가치가 있다 해도
변덕이 죽 끓듯하구나.

삶은 고단한 것

힘겨운 삶의 무게를 지고
묻어두었던 추억의 여정들을 끄집어내어
기름칠 해두고

고단한 삶의
둥지를 털고 앉아
상상의 나래를 펼쳐본다

저쪽에 기억들이
하나 둘 터져나온다.

작은
추억들을 짊어져야 했던
그 시절

우리 아이들에게
가난을 짊지어 주지 않았던 것이
아쉬움보다 스쳐간 추억들이다.

초등학교

들과 산으로 뛰어놀던 아이들
웃음소리 사라지고
도시로 떠나간 아이들
빈 자리 비어버린 책상
겨울바람보다 더 춥다.

꿈을 키워가던 진달래반
아이들은
어디론가 훌쩍 떠나버리고
우리들이 다니던 꿈 많은 학교는
시려움을 견뎌가며
통폐합 하고
복식수업에 들어간다.

동생 손을 잡고 크로바꽃 왕관을 쓰고
시계를 만들어 차고 반지도 만들어
끼어주던 그 고사리손
운동장 가득 메웠던 아이들
뿔뿔이 흩어지고
텅 빈 운동장
옛 추억 되씹게 한다.

고무줄놀이 여자 친우들 고무줄 끊어 버리면
울며불며 쫓아다니던
여자 친구들은

어느 하늘 아래 행복하게 지내는지
텅 비어버린 학교 운동장
시려움을 견디고
새록새록 옛 추억
옷깃 속으로 스며든다.

삶의 간이역

삶은 서지 않는 시간속
쉬지 않는 어느 시간속에 너부러진다
남은 시간을 새며
조용히 사그러들고 있다.

그냥 잊어 버리기엔
너무나 소중한 세월들
그외진 삶의 뒤안길에 기대어
후줄근히 젖은
남루한 우울이 소리없이 밀려들면

어느 시간표 속에도 없는 슬픔이
파도에 실려
자꾸만 아득히 밀려만 간다.

삶은 서지 않는 시간 속에 밀려
세월의 기슭으로 옮겨야 한다.

가로등불이 아득한 슬픔을 지나면
새벽 공기가 처량하고
가슴 언덕에 실려오는
까치의 지저귐이 반가웁다.

쉬고 싶다.
저물은
생의 여행길이 외롭다.

설악산

천신이 하강하여 벗어 놓은
만물상 같은 기암괴석들이 둘러앉고
넋을 잃고 바라보노라면
시리도록 맑은 물줄기
잊었던 옛추억 소담하게 일어난다.

등푸른 자락에
수백년 해묵은 은행나무
수병장으로 지키고 있다.

계절따라
산길따라
단풍이 물들고

어머니 발자욱 위로
아들의 발자욱이 겹쳐지고
세월의 때가 묻은 인생도
인생의 여정에
세월의 이면으로만 볼 수 있던가.

우리들 삶의 흔적들은
허둥대며 살았던 추억들
침묵을 향해 가고 있는 것만은 아니다.

설악산은 영원히 침묵을 향해
웃음을 토할 것이다.

설악산

설악산은
다듬어지지 않은 고산준령
운무가 자리를 펴 놓고
인간이 넘나들기를 거부한다.

홀로 자유로이 부는 바람
야생화는
놀란 생명력에 버티어낸다.

대자연이 잉태한 다듬어지지 않은 고산은
장관을 이루고
점점이 구름조각 넘나든다.

능선 따라
홀로 자유로이 부는 바람
질긴 생명력에 감탄사가
절로 새어 나온다.

시인 묵객이 반해 자리뜰 줄 잊고
백옥주 한잔에 취학
설악산에 취해
어찌 기 한수 읊지 않으리
어찌 노래 읊지 않으리
어찌 발길 떼어 놓을 수 있으리

첫사랑

삼킨 말들을 토해내며 앓고 있는
허락 되지 않은 사랑의 속삭임

가파른 비탈길을
헐떡이며
가슴에 묻고
한번씩 만나
헤어져간 사람
유성이라도 떨어지는 하늘을 바라본다.

모든 세상
잠든 듯이 누워 있는 사이 통곡도 했다.

훌쩍 지나가 버린
희미한 날들
돌이켜 세워도
욕된 반추

타다 남은 생명을
젖은 삶을 앓고 싶어
세상사 싫증나는 것들은
뿌리째 뽑아 버리고
한번의 고통으로 두번 다시 앓지 않을
비옥한 옥토를 가꾸어 가고 싶다.

지나가 봐야 안다

산에 올라 아름다운 자연의 꿈속에서는
아름다운 맛을 느낄 수 없지만
내려서서야 산의 아름다움을 느낄 수 있다.

삶 자체가 불행하다 생각들어도
지나온 과거를 더듬어 가다 보면
걸어온 길이 아름다운 행복이었다는 것이
새록새록 생각난다.

그립던 밥상에 반찬 투정을 부려 보아도
옛 밥상이 그리웁고
맛있었다는 것을 알 수가 있다.

지금 제 아무리 풍요로운 삶을 살아가도
부족한 게 많고
가질 것도 많아
불평을 쏟아 놓아도 뒤돌아보노라면

옛 먹거리 부족하고 가진 것 적어도
옛 보릿고개 깊이 행복의 길이었고
사랑을 느끼고 살았다는 것을
지나와 보아야만 안다.

관심 속에 무관심

허당으로 추락을 하고 있다.
괴로웁고 허무한 슬픔들이
가슴을 조이고

시리게 허무한 외로움
한가운데 서 있다.
함께 달려온 날들은 몇해이던가

사랑은 미움으로 되돌아서고
뒤범벅된 사랑과 미움
생명의 근원은 사랑이다.

한치 건너 두치인 것을
훌훌 벗어 버리고
관심을 꺾고 살자

무관심 한가운데 서게 되면
마음도 온화해 지는구나
관심이 깊으면 사랑도 깊은 법

인생만사 새옹지마라 했던가
궂은 날 있으면
맑은 날도 있겠지.

제3부

우리어매의 쪽박

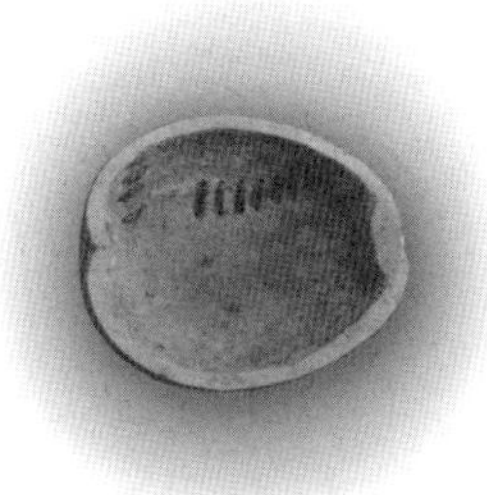

우리어매의 쪽박

우리 할매가 늘상 사용해 왔고
우리 어매가 사용했던
손때 묻고 정 담아 물려 받은
소중한 쪽박

시집살이 나날이
조석거리 퍼내던 쌀바가지
몰려든 아름다운 그릇에 밀려
퇴물이 되어버린 바가지

옛 어른들 쓰시던
누덕누덕 기운 바가지
애환과 눈물을 담고
우물가로 이고 나온 물동이 속
기운 바가지 속에 물을 가득 담고

성한 곳보다 기운 곳 더 쌓인 쌀바가지
십수년 뒤주에 구르는
손때 젖은 오색이 창연하고
시어머니 지청구 들어가며
한땀 한땀 깁던
궁상스런 바가지 시절 아쉽다.

풍상에 얽고 찌든 세월과 함께
꿰매던 근면정신이

고스란히 담긴 옛삶을 엿본다.
칠판 글씨를 닦아내듯
이전에 존재했던 모든 것을
밀어버린 지금
삶의 풍속들이 손바닥 사이
모래알 빠져 나가듯
허망하게 사라져 버린 지금
사람은 알까?

겨울 산

겨울 산에
설국의 설화가 매달려
겨울꽃을 피워 물고

환상적인 앙상한 고사목에도
하얀 옷을 갈아 입힌다.

울창한 숲속을 헤집고
쌀쌀맞은 바람이 흔들린다.
아름다움은 감동적이다.

깊은 계곡 끝이 없고
하얀 운무가 자리를 펴고
드러눕는다.

겨울이 익어가고
따스한 자연의 품속은
산들바람이 사는 둥지다.

가난 속의 추억들

백발이 황혼에 날리는
저무는 나이
예나 지금이나

삶의 터전을 닦고
살아가는 이곳
지나가는 길손 반겨준다.

마구잡이로
달겨드는
매서운 가난

추억에 묻어두고
새 소리가
아침 공기를 가르면
침노의
삶을 이룬다.

생활의 냄새

삶의 희로애락을 지닌
보기 드문
바가지 띄운 우물
반겨 맞는 푸른 숲
기암괴석들이 절경을 이룬다.

생활의 냄새
그 땀내는
사람 살아가는 것을
예나 지금이나 그대로이다.

그것들은 내 어머니 얼굴인지도 모른다.

석양속 달빛이
창문 사이로 빨려 들어오면
기억속에 남아 있는 사람들은
아름답기만 하다.

죽어가는 농촌경제

잘못은 지도층이 저질러 놓고
고통은 국민이 겪어야 할 몫이라니
한심스러운 꼴불견이다
국난 극복은 국민이 짊어져야 할 태산준령

농업기반이 무너지고
손때 묻은 정든 우리 것이 사라지고
농업기반이 무너지고 있다.

병마에 시달리다 지쳐
죽어가는 농촌경제
우리 것에 눈을 돌릴 때가 왔다.

국난은 국민의 무책임한 행동에서
싹이 텄고 수입물품에 눈을 돌린
지불해야 할 큰 댓가

우리 입맛엔 우리 농산물
우리 것에 눈을 돌려보자
밝은 미래가
횃불을 들고 다가올 것이다.

사반세기를 밀쳐 버리고

무자년 한 해가 저물어
드디어 제야를 맞는다
어둠이 자리 편 깊은 밤
자정에 제야의 종소리가 울려 펴진다.

묵은 한 해를 보내고
새 천년을 맞는 종소리
송구영신의 종소리를 들을 때
감회가 없을 수 없다
회환과 희망이 교차하는 순간이기도 하다.

묵은 해의 악귀를 쫓고
그믐날 밤이 되면
집안 곳곳에 불을 밝히고
잠을 자지 않고 밤샘하는 풍습

신사에서 울려 퍼지는 범종은
일백 팔번을 울리고
깊은 산 굽이친 계곡의 사원에서
들려오는 종소리는 유현한 느낌을 준다.

백팔 번뇌를 날려보내고
백팔 가지 반성의 기회를 가진다.
사람은 누구나
번뇌 없이는 살지 못하니
인간의 번뇌는 헤일 수가 없구나.

자연의 생명력

설화가 피어 머무는 겨울의 하얀 설경은
아낙의 치마폭처럼 포근하고 아늑하구나
어미의 품을 헤집고 솜털을 타고 나르는
저 하나 씨앗 속의 생명은 긴 겨울잠을 자고 있다.

억겁의 세월 속에 봄이 찾아오면
모진 생명이 뿌리를 내려
밝은 생명의 꽃을 피우고
모진 생명 속에서도 밝은 삶을 일구어낼 것이다.
자연의 영역 다툼 속에서도
마지막 생명의 보류
광활한 승자는 있을 것이다.

또다른 생명들도 봄이 도래하면
앞다투어 잎을 내어밀 것이다.

설화가 머물다 지쳐 떠나버리면
푸른 양탄자를 펼쳐 놓고 시샘하는
아름다운 생명들의 숨소리도 멀어져 가고
찬란한 봄은 오래 머물지 못할 것이다.

내년 이맘때면 자연은
멋진 양탄자를 우리에게 펼쳐 보일 것이다.

바람의 소리

바람의 소리
만물은 바람의 지배를 받고 살아간다.
가을 소리에 낙엽은
갖가지 음률을 타고
갈대숲 사잇길로
바람이 읊조리는 한수 시에
귀를 기울이면

바위 소리 낙엽 소리 갈대 소리
앙상한 가지에 삭풍이 불고
이래 저래 살아간다.
돌아갈 것을 돌아가고
남을 것은 남는다.

물가 음률에 발맞춰
한가로이 노나는 물때새
같은 공간에서 살아가는 새들도
자리 물려주고
떠날 채비를 한다.

보이지 않는 곳에도 소리가 있다.
풀 한포기 작은 씨앗 속에도
생명을 불어 넣고
힘으로 존재를 불어넣는다.

우리들도 언젠가는 자리 물려주고
떠날 채비를 해야겠지.

사랑의 덫에 걸린 남자

남남이 부부로 만나
수많은 억겁 속에 정으로 감싸안기에는
무지라도 이 분수인가.

시시각각 밀려오는 시간 속에
겹겹이 쌓인 고통 한올이라도 덜 수 있다면
마음에 없는 소리라도 믿기지 않는다.

실타래 마냥 엉긴 마음 풀 수 있다면
흐르는 낙엽 속에 뒹굴고
강바람이든 가을바람이든 좋다.

무엇이 그리 그리움이 가슴 가득 메운다.
삶에 찌들어도 함께 삶의 터전을 일구어 삶의 때가 묻고
삶의 험한 무게만 짊어지고 시험하다 함께 떠날 수 있다면
생활이 삶의 척도가 아니다.
삶에는 아무런 이유도 해답도 없다.
답답한 마음에 하늘마저 늙어가는구나.

꽃잎처럼 곱게 접어둔 우리들의 옛추억
어떤 목마름이 가슴에 치솟아 오른다.
사랑의 덫에 걸린 남자

목적지 없는 인생

어디서 와서 어디로 가는가?
흘러가는 강물은
어디서 와서
어디서 머물고
어디로 향해 흘러가는가

산골 물은 흘러
깊은 곳 머물다
바다로
향하는지를 안다

인생은
어디서 왔다가
어디서 머물어야 하고
어디로 가는지 아는가?

흑백 인종차별

민족간의 갈등
가난한 이 비극들
한끼 끼니를 그리다 굶주려
분단된 우리 동포 죽어가는 아프리카 민족
이들은 우리 같은 인간이 아니었던가

우리가 손 내어밀면
상냥한 웃음으로 반겨주고
한끼 밥이라도 뱃속을 채우면
조금의 안식이라도 될 것을

사랑의 의미는 무엇인가?
민주주의를 외치며 연가를 부르고
이들에게 총칼을 휘둘렀어야

불타는 흙을 밟으며 육신의 아픔을 잊고
봉사하는 이들을 보면
숙연할 뿐이다.

의미 있는 삶을 살아간다면
함께 손잡고 사랑노래 부르며
내일을 향해 외칠 것이다
우리는 행복하다고

자신의 모습

작은 혓바닥으로는
하늘을 가릴 수 없다.
인간은 자기중심적이고
이기적이다.

인간은 그 욕망 때문에
순수한 영혼을 더럽힌다.
자신이 만들어 놓은
조화이다.

현실의 무게에 짓눌려 허우적이다 끝내
허물어져야 하는 것을

인생은 충분히
살만한 가치가 있는가?
자기 모습을 보면 슬퍼진다.

정축년 아침

하루의 시작은
아침에 있고
설날의 시작은
윗어른 공경하는 데서
시작한다.

마음을
건건하게 하여
복을
가지런히 놓고

넉넉함을
사록사록 쌓아 은은하고
맑고 밝은 새해의 찬란한
아침 해가 떠오른다.

새해 복과
꿈 한마당 펼쳐 놓고
세배에 덕담과
윷놀이 마당 어우러진다.

화악산

나무는 고요한데 바람은 일고
하늘은 청정한데
햇살은 뽀송뽀송하고
애타게 기다리는 임은
온 데 간 데 없구나.

오늘 이러하듯 가슴 설레며
청산을 감돌아 흘러가는 냇물에
발 담궈 띄워 보내고
참고 기다리면
희소식 전해 오려는가

구곡을 둘러보면
아름다운 가을 풍경
황금빛으로 출렁이는
생명의 근원이다.

작은 봉우리들 올망졸망 송이처럼 보이고
흐드러지게 핀 가을 야생화
고즈넉한 가을 풍경 저물어간다.

자연은 인간에게 베풀었고
많은 가르침을 일러준다.
어머니 품속 같던
망가지는 자연

미래에는 어떻게 변할까?
만감이 교차한다.
보존되어야 하는 자연은
우리들의 몫이다.

빗장을 열고 산문 안에서

해 울음 소리
벗 삼아
벗어 버리고 놓아 버리고

마음 비워 가면
서광이 비치려니
남은 인생 편히 살 수 있는 길이라

뜻대로 할 수 없는 것이
인생길이려니

해 울음소리 벗삼아
꽃향기 찾아
벌 나비 노니는데

바람소리 벗삼아
가다 보면
삶도 죽음도 없으리라

삶이란 일순간 지나가는
물과 같은 것이라오

짝 잃은 기러기

창공을 나르는
상상의 기러기는
가지산 허리 덮고
석양 붉은 빛을 받아 나르는데

푸른 들판 푸른 하늘
날개짓 할 적마다 바람 일고
원촌에 이는 저녁 연기
줄기줄기 피어나고

짝지은 기러기떼
흘러가는 강물 위에
쌍쌍이 노니는데

짝 잃은 기러기
애간장을 태우다가
낯선 집에 혼자인 냥
갈대숲 기웃거린다.

그대는 가고 향기만 남으니
그대는 어디에 머무는가
그리운 임이여

기러기

어둠이 떨어져 내리는 저녁 무렵
나그네 갈대숲 기웃거리고

모가산 허리 덮고
나르는 기러기떼
석양 붉은 빛을 받아

날개짓 할 적마다
금척이 구불구불하고

원촌에 이는 저녁 연기
줄기줄기 올라

바람 없는 하늘에
푸른 차잎을 이루는구나.

봄을 향해

뽕나무가지 잎새마다 이슬 머금고
솟아 오르는 햇빛 아래 저미듯
설익은 세월 속으로 들어가고
구곡을 둘러보니 눈이 탁 터는구나.

계곡 따라 폭포가 침묵을 털고
졸졸 흘러내리는 맑은 물소리에 심취하니
마음 또한 청아하구나.

풍성하게 영글어 가는 가을
잎새는 새봄을 향해 색동옷으로 단장하고
쪽빛하늘 너무 멀구나

손을 내어밀면 잡힐 듯한 새봄
나르는 기러기떼
북으로 향하고

뚝뚝 떨어지는 기온 속에
깊어가는 가을
낙엽속에 가을은 깊어만 간다.

삶의 뜨락에 서서

큰 죄 짓지 않고 살아왔는데
이러한 시련을 주시려 하는가
하늘의 뜻이었던가
내 가족들은 어떡하라고
말도 안 되는 소리들이다.

시공을 초월해 들려오는 죽음의 소리에
가슴은 뛰박질하고
막다른 골목에 떠밀려 막막하기만 하다.
털털 털어버리고
되돌아갈 수는 없는 것인가.

태어날 때는 순서가 있지만
돌아갈 때는 순서가 없구나
삶의 집착 미련도 아쉬움도 없는데

삶의 조건 내어걸고
우아하게 계산대로 살아가려는 각박한 현시대
건강한 육체 건강한 정신으로
남은 시간 일지라도 살아보련다.

행복은 저 산 넘어 있는 것 같아도
행복은 바로 내 가슴속에 있는 것을
어떤 애환을 가지고 살아가려 하는가?

허무한 인생길

덧없는 인생길에 만남도 운명인데
헛되이 밟아온 허무한 인생

한세월 부푼 꿈 싣고 방황하다가
문득 뒤돌아보니 일장춘몽이었구나

옳고 그릇됨은 절대적인 것이 아니다
한평생 살다 보면
옳은 일도
그른 일도 행하기 마련인데
완벽한 인간은 존재하지 않을 것이다.

마음에 작은 생각 하나로
세월의 풍상만 더해가고
세월의 무상함만 더해주는구나
사람은
물 위에 떠 있는 나뭇잎과 다를 바 없구나.

향수에 젖고

거대한 짐승도
늙고 병들면 그 무리에서
밀려나고

인간도 세월 가면
사회에서 밀려나고
늙고 병들면
가정에서조차 버림받아야 하다니
어찌 옛 향수에 젖지 않으리

세월 그늘 아래
뒤돌아 보며
세월 탓이라 원망 앞서
백옥주 한잔에
입술 언저리 헛웃음 새어나고
주름진 이마 사이골마다
원망만 서려드는구나.

가슴깊이 한숨 새어나고
수많은 세월 겹겹이 쌓여
가는 세월
청산은 말이 없고 굽어만 본다.

병상일기

날이 시퍼런 아픔들이
움직이는 형상일 적에
사정 볼 것 없이
싹둑싹둑 자르며
고통이 전진을 하는데

약병에 의지하며 절뚝이면서
마음도 썩어 자빠지고
헤쳐 나오지 못하는 사람들은

결국
인간 명부에서 삭제되고 마는 걸까?
고장난 열차속에서
빠져 나오려 발버둥치는 처량함처럼
그대로 기다리고 있어야 옳은 것인가

사는 동안
수많은 희망과 절망 애정과 갈망
가슴을 갈기갈기 찢어놓는 그리움
이렇게 애태우는 시간속에
몇번이나 죽어야 했던가

아
살아야겠다고 발버둥치는
군상들의 허우적거림

어디서와서 어디로 가는지
그 유무를 알 수 없구나

허수아비

가슴이 펑 뚫린 허전함이 매달린다.
고독이라 하는 길 잃은 가장이 방황을 하다
엉뚱한 마음에 포로가 되어
술잔에 마음을 흘리는 사이
불행이라는 샘이 비집고 들어온다.

피투성인 채로 절망하고 좌절해 간다.
인생은 자기가 빠져나갈 출구가 보이는데
좌절과 절망이라는 이름표 얻어 달고
허물어질 때까지 자기를 학대한다.

엉뚱한 생각에 마음을 돌리고
희망이라는 말에 귀가 어둡다.

거센 파도 위에 운명이라는
돛을 달아 띄워 놓은 인생
낭만주의들은 한바탕
가정을 휘저어 놓고
훌쩍 달아나 버린다.

마음 깊은 곳에 상처가 남아 있다 해도
과거지사 다 팽개쳐 놓고
내면 속 진실을 방황하지 않으면
행복이란 샘이 비집고 들어올 것이다.

외로움

맺음과 끊음이 확실치 못할 적에
아픔이 아픔을 낳아
찔끔 찔끔 눈물만 찍어 먹다가

슬픔이 슬픔을
되씹으면
쌉쌀한 바람이
옷깃을 스쳐 지나가면
혼자라는 외로움이
살아 숨을 헐떡인다.

쌉쌀한
가을 바람결에 머물던
낙엽들은
한잎 두잎 떨어져
앙상한 가지마다
설화가 머문다.

부모의 마음

땀 흘려 지은 농사는
알찬 열매라도 거두어 들일 수 있지만

쉬임 없이 지어온 자식 농사는
빈 껍질 뿐
영글어야 할 열매는 간 곳 없고
헛것을 거머쥔 빈손 일 뿐

잘못 되면 조상탓
잘 되면 자기 잘난 몫
변변이 해준 것 없다 해도
거저 주고 싶은 마음 뿐인데

되돌아 오는 것은
원망 어린 눈망울
야무진 꿈도 많았고
이상도 컸지만 되돌아 오늘 것은 허무뿐

헛것을 거머쥔 것 같아
마음 놓고 앉아 쉴 자리 없고
편히 누울자리 없어
눈치 살피며 늙음을 달래야 하니
하늘 보기가 민망하구나.

자연은 신의 예술품

귀가 없는 새벽에
꿈을 일구는 삶의 고달픔을 잊고
삶의 풀씨를 뿌리다가
천지 중심에 걸터 앉아
삼라만상에 넋을 담고
운무에 감춰 떨어지는 낙수에 넋을 잃고 있노라면
먼 태고의 음향이 들릴듯 말듯 속삭인다

거역할 수 없는 자연의 존재 앞에
늘상 인간은 기대어 왔고
자연은 인간을 감싸안는다

산들바람에 갈풀 서걱이 소리
두견새 슬피 울고
무심코 보아온 한 그루 나무 풀 한포기
한 방울 물도
우리들 생명의 원천이다

자연은 신의 예술품
무심코 보지 않으면
자연은 되돌려준다.

아침을 여는 농민

얼룩배기 황소가 한가로이 풀을 뜯고
풀 벌레 소리 깊어가는 가을
돌산 깊은 계곡
방목하는 염소가 애~애 애~애
어미 찾아 헤매인다.

그늘 아래 매미의 합창소리
벌 나비 떼지어 춤사위 자리 물려주고
졸졸 바다 여행길 재촉하는
산골물에 심취하여
시정이 절로 솟아나고

손 벌리면 잡힐 듯한 쪽빛하늘
점점이 멀어져 가는 새털구름

풍성함이 가득한 가을
새벽을 허리춤에 꿰차고
아침을 여는 농민들
허리 펼 사이 없이 손놀림 빨라진다

호박이랑 가지랑 빠알간 고추 한소쿠리 따서
아들 딸 나눠주고
뒷모습 훔쳐보고
홀로 서 있는 외로움에 지쳤어도
삶의 터전이더라

인생은 허허로울 뿐이다.

인생은 외로웁지 않다
낡은 책장의 표지판을 보듯
떠나버린 지난 세월
새록 새록 살아날 적에

긴 세월 더듬어 내려
꿈 많던 시절 되씹어 보면
행복했고 즐거웠다

기적을 남기며
달려온 기차처럼

외로웁고
즐거울 때
울 때도 많았으련만

인생은 외로웁지 않다
그저
허허로울 뿐이다.

제4부

행복이라는 놈

행복이라는 놈

행복이란 놈은
손을 내어밀면
잡힐 듯하다가
염주알 빠져 나가듯
눈 돌린 사이 없이 훌쩍 달아나지만

행복이란 놈은
바로 내 마음속에 있더라

생활에 찌들어도
구두쇠란 소리 듣고
자기 자신에 인색해도
남에게는 베풀 줄 아는 마음
행복을 느끼게 한다

양보의 미덕을 가지고
낮춤의 저울로
지혜로움을 가진다면
행복은 바로 내 앞에 놓인 것을.

기다림

서린 동짓달은 고요한데
외로운 소쩍새는
슬피 울어 속삭이고

한번 떠난 사람
되돌아 오지 않는구나

물들은
그 강물에
웃음이라
띄워 보내고

홀로 서 있는 저 달은
외로운
나와 같구나.

복사꽃

울 넘어 피어오른
복사꽃은

간밤 바람결에
떨어져 흩날리니

가지마다
불불이 줄이은 복사꽃
보고 싶구나

오늘
보지 못하면
내년에 보면 어떠할꼬마는

복사꽃은
오래 머물고 싶지만
바람이 그냥 두질 않는구나.

귀밑머리 백발

저 산 아늑하고
저 강물 아늑하니

죽어가는 세월속에
기다리는 이 오질 않으니
골수에 사무치고

하늘은 푸르름 간직하고
청산은 변함 없는데

젊음은 간 곳 없고
귀밑머리 백발이
제 먼저 알고 찾았더니
공허한 생각인가

푸른 하늘에
젊음을 매달아 두었어도
세월은 유수처럼 흘러가 버리고
답답한 마음에 하늘마저 늙는구나.

가슴속 부처

황금빛 노을이 나뭇가지에 걸터 앉아
산그림자 내려앉고
산골동네 사람 살고
깊은 계곡 범종소리 내리면
청솔모 놀라 달아난다

눈꺼풀 비집고 범종소리 가슴에 와 닿으면
가슴속 부처가 살아 숨을 쉰다

한땀 한땀 꿰어 나가듯
생명줄을 이어나간다
삼백 예순 닷샛날 바람일고

탐욕과 오만이 남아 있다면
여기서 벗어 버리고
낡은 빨래줄 너머로
훌쩍 넘어와 버린 오십여 평생

닳아 버린 검정고무신
몇 켤레가 말해준다
가슴 가득 바람 앉아 버리면
내 맘에 적은 꿈하나 소중히 간직하고
믿음을 묻어두고
꿈의 전당에 들어가야지.

표충사 에서

육안으로 보는 꽃은
향기도
즐거움도
일순간 지나가고

마음에 피는 꽃은
길이 남을 것이다

뜻대로 할 수 없는 것이
인생길이라 하나

벗어 버리고
놓아 버리고
마음도 비워 버리면

마음에 피는 꽃은
영원히 남을 것이다.

고개 숙인 남자

각박한 세상
약삭 빠른 사람 속에도
어리숙하고 인정미 넘쳐 흐르는 사람 있기에
미래가 꿈틀하고
향기가 남아 있다

거머쥔 권력
칼자루 거머쥐었다고
아무렇게나 휘둘러서야

언젠가
칼자루 놓을 날 있으려나

영원히
쥐고 있을 것 같아도
세월 흘러
뒷일을 생각해 보았는가.

강자와 약자

사람은 슬픔 있어야
성숙해진다
슬픔의 강줄기도
이젠
희망찬 아름다운
강줄기로 흘러 내린다

고통이 뒤따라도
고통을 찔끔찔끔 찍어먹다가
아플 만큼
아파 보아야 한다

약자들이 짊어져야 할
몫이 아니다
이제는
강자의 논리가 아니라
약자의 논리로
변해가야 할 몫이다.

법당에서 부모의 은혜를

번뇌로 집을 짓고
금전으로 집을 지어
삼독을 집을 삼고
삼독의 집에서 살아가는 중생들은
이 집에서 어서 나와 밝은 빛을 찾아야 한다

은중의 사상 알고
부모의 은혜를 바로 볼 줄 알아야
세상을 바로 볼 줄 안다

부모는 태양과도 같은 빛이요
부모가 없는 세상은
어두운 암흑속을 헤맨다.

하루에 한사발 피를 받아 올려도
부모의 은공은 갚을 수가 없다 했다

은중 사상 버리고 살아가는
물질만능주의 시대
떠나가신 부모는 다시 돌아올 수 없으니
어머니의 사랑 가이 없어라.

표충사에서

생각이 온전하면 마음도 온전하고
마음이 흐트러지면 몸도 망가진다

구하려 해도 얻지 못하는 행복
진리의 무상함만 깨닫고
자치와 행동이
혼자서 천군만마를 이겨낸다 해도
자기 자신을 이겨내기는 어려웁다

내가 지은 업은 나에게 돌아온다
죄를 지으면 죄업으로
선을 베풀면 베풂의 업이 돌아온다
인과응보다

한권의 책을 다 읽더라도
익히지 못하면
아니 읽음과 같고
한 귀절의 뜻을 알고
도를 깨칠 줄 안다면
한권의 책을 다 읽음과 같다.

시골의 후덕한 인심

땅거미 짙게 깔린 새벽에
해바라기처럼 돌고 도는
미완성 시인 묵객들이 다녀간 풍유

세월의 흐름은
신에게 바치는 비나리 속에
당산나무 가지마다 주렁주렁
자식처럼 매달리고

그 시절이 그리운 옛추억
가난한 굴레를 벗어던지고
고향 떠난 나그네
꿋꿋하게 고향지켜온 사람들

시골 아낙네 인심 한움큼 쥐어주고
한 바퀴 도는데 다리품을 팔아야 하고
눈 내리는 이른 아침
하얀 발자욱
겨울 산의 침묵처럼
인심 한움큼 쥐어주고
침묵 속으로 들어선다.

잔인한 사월

창가에 비친 내 얼굴 볼 때
길가에 피어난 초라한 무명초를 봐도
시샘이 나고

꽃망울 사이사이 연초록빛
잎새가 움튼다
생명의 박동소리 꿈을 향해 추억 만드는
정든 사월의 계절 앞에
절로 고개 숙여 지는구나

하얀 백지 위에
먹물을 쏟아 붓고
무명 시인 묵객이 발길을 묶는
잔인한 사월은 발광을 하고
세월의 파도 속에 떠밀려도
잊을 수 없는 사람 더듬으며
때 묻지 않은 자연 속에 머물고 싶다.

보름달

창밖이 희끄므레지니
동이 트려는가 보다
땅거미 자욱한
으슥한 밤이라지만
밝은 만월은 중천에서
교교로이 서편으로 기울고
은빛을 천지에 쏟아 붓는다

귓결에 스쳐가는 삭풍은
잊은 듯 묻었던
정심을 울린다

기왓골 숨은 듯
매달린 고드름
만월에 비추이고
창문 뚫고 삐져 나오는 불빛 속에
임 기다리는가.

복날의 얼음골

불볕 더위 찌는 날에
이마 땀방울 훔쳐 내고
얼음골 맑은 물 졸졸
깊은 계곡 찾아가서
옷 벗어 나무에 걸고

펼쳐 놓은 푸른 카펫에 드러누워
나뭇잎으로 지붕 삼아
백옥주 앞에 놓고
한 손에 부채 펴고
한 손에 붓 들어
푸른 시 한수 읊조리지 않으리

옥수에 발 담구어
먼지 때 묻은 몸
씻어냄이 어떠하리.

순정

추악한 현실 속에서 건져낸 사랑
원앙새야
옛적엔
한번 내어준 사랑
목 메인 사슴처럼 기다리다 지쳐
스러질 듯 하다가도
그 순정 지켜왔건만

현 시대의 뺑 뚫린 사랑
갈대와 뭐 다를 게 있나
시대가 변한다 해도
사랑은 항구 불멸한 것이다
춘향같은 지조가 있겠냐마는
변덕이 죽 끓듯 하는 게 인간이라

인간이란 허물만 뒤집어 쓰고
오늘은 이 남자
내일은 저 여자
서양문화 접해도
버릴 것 버리고
받아들일 것은 받아야 한다 해도
조건 없이 받아들이니
한심하기야.

낙엽

두리번거려 봐도 작은 몸뚱이 하나
뉘일자리 없구나
이웃들 봇짐 다 싸 버리고
덩그러니 혼자 남아
먼저 간 친구 깨어보고
이웃 동네 기웃거려 보지만
작은 이 몸 하나 맡길 데 없다

윙윙 대는 찬 바람
죽은 듯이 숨을 죽이고
담장 아래 쪼그려 앉아
훌훌 겨울 옷을 벗고
진초록의 꿈을 꾼다

지난 밤 내리는 눈을
소복 이불로 삼고
오늘의 낙엽은
진초록의 꿈을 꾼다

꼬까옷 벗어 태워 버리고
하얀 소복으로 갈아 입고
봄을 기다리며
침묵을 지킨다.

마음속 부처

설화가 머무는 설국에서
뽀드득 뽀드득 발자욱 남기며
나의 별을 찾아 하늘을 바라봅니다

설화가 머무는 그 속에서
나는 많은 걸 배우려 합니다
본디 내 마음으로 돌아 가고 싶습니다
허나 그러지 못했습니다
나는 그저 허허로울 뿐입니다

눈 밖의 세상엔
저의
가시나무가 있기 때문입니다
또다른 내가 있고
가시나무가 있고
가시나무와 또다른 나의 추억
두고 온 정이 발목을 잡고 늘어지니
저는
그 곳을 버릴 수가 없었습니다

저
맑디 맑은 눈 속을
나는
또다른 마음 속에 가두려 합니다

내 마음 속에는 부처가 있기 때문입니다.
눈 밖의 세상엔
가시나무가 있기 때문입니다

촌야의 겨울하루

어둠이 떨어져
엉금엉금 기어다니는 촌야에는
매서운 겨울바람보다
푹푹 빠져 나오는 인정이 포근하다
삐져온 인정을 저미듯
이웃 담장 너머로 스며 들어가고

뒤처진 잎새 한장이
팔랑이며 제 집 찾아 두리번거린다
촌야의 인정미 넘치는 저녁 풍경

실개천 돌아 흐르고
꽁꽁 언 새벽 여명에 옹송거리면
얼어 있는 배추포기 시려움을 견뎌내고
제 맛을 내리라

시골 사람들은
아끼듯 저며온
시간의 보따리를 풀고
그리웁던 밥상 한 가운데
오손도손 사랑을 담으리라

이제
어둠은 한껏 떨어져
나락을 알 수 없고

촌야의 겨울 달 아래
포근한 정담을 나눌 것이다
우리들의 꿈속으로 달려갈
시간의 여행항로는
희망으로 향한 횃불일 것이다.

포장된 삶 껍질을 벗고

아무리 좋은 물건일지라도
내 것 아니면 개똥보다 더 못한 것
쳐다보지도 말라
구구절절 귀가 따갑도록 되새겨 주었지만

탈출구를 찾아라
밝은 빛이 보일 것이다
누누이 일렀더니만
탈출구가 눈앞에 놓였는데도
암흑속으로 앵하니 되돌아서고 마니

의미있는 결단을 뚝심있게
지켜 나갔다면
들어 서지도 않았으련만

밋밋한 시간 속에 포장된 삶의 껍질을 벗어 던져 버리고
참된 삶의 둥지를 틀고 앉아
하면 된다는 믿음과 의지로 횃불을 밝혀 보일것이다

내 놈이라는 놈이 보는 것이
꿈속의 꿈인가
꿈으로 보는가
무슨 까닭으로
한송이 장미꽃을 갖다 주어도
개고기처럼 삶아 처먹을 더러운 놈

마음의 불

분노하면 마음의 불을 질러
마음이 약해진다
불을 꺼야 한다
불을 꺼 버리면
청아한 마음에 평화가 오고
사물이 밝게 보인다

명월이 구름에서 벗어나듯
마음의 빗장을 열고
바라보노라면
판단력을 되찾는다

세상을 자기 위주로
꿰맞추려 하지 말고
현실적으로 살아보자
적쩍은 소리련가

참다운 삶
영위할 날 있을 것이다

가슴에 기어 올라와
목구멍에 차면
머리속에 가물거리는 분노가
마음에 불을 지펴
마음에 악마가 고개 처든다

희망의 횃불을 들고
마음의 불을 꺼 버리면
또다른 내가
마음 속에서 꿈틀거린다
신이 선택한 인간은
고통을 주어도
목숨은 앗아가지 않는다.

약속 없는 기다림

하이얀 꿈일랑 가닥가닥 엮어서
실날 같은 연줄에 띄워 봅니다
이그러진 초승달 찻잔속에 떠올라
살포시 수줍은 얼굴 내밀어 본다
동짓달 긴긴밤 설한풍
모질게 견뎌와 언제런가
만월 오길 얼마나 애태우던가
기다림이란 지쳐도 좋은 것
가시밭길 헤쳐가며
지쳐 스러질 듯하다가
다시 일어서서
깃털 같은 작은 소망속에 지친 하루를 지새운다

어느 때런가 기다림 속에
명월이 구름에서 벗어나듯
세월 흘러 만월이 되면
환한 웃음꽃 피워 물고
동짓달 긴긴밤 뚝뚝 떨어지는 별빛을 감싸 안고
쌓인 회포 나눌 새 없이 저물어 가는 세월 속에
초승달로 되돌아서야 하는가

기다림이란 덫에 걸려 절뚝이면서
마냥 만월을 홀로 기다려야 하는가
꿈을 먹고 다소곳이 하얀 기다림 속에

만월을
기다려봄직도 하리라
기다림이란 지쳐도 좋은 것.

삼락정 당산나무

녹음 짙은 윤초록 잎사귀
소슬바람결에 춤사위
마냥 즐거워라

산외면 산내면의 흐릿한 경계
잠시 쉼터를 주는 이곳 삼락정

당산나무 그늘에 앉아
속삭이는 한쌍의 나그네
아름답고 정다웁고나

악마의 칠팔월
찌는 듯한 불볕더위 아스팔트
쉬임없이 달겨드는 차량의 굉음소리
숨을 헐떡이고
무슨 이유로 어찌 그리 바빠할꼬

마음의 여유를 두고 잠시 휴식을 취하고
떠나면 어떠할꼬

윤초록 녹음 짙은 칠팔월
당산나무 그늘에 앉아
조금의 여유를 되찾아
기름칠을 해 두고

결실이 손짓하는 가을의 문턱에
가까이
다가 설 수 있지 않을까.

시집을 펴내며

오후의 따가운 햇살처럼 삶의 마지막 정열을 불태우고 싶다.

그러나, 산다는 것이 너무 힘들어 한권의 시집을 또 낸다는 것이 가슴앓이 같은 마음의 병이 되어 지낸지 오래다.

두 번째 시집이 언제쯤 나오는가 궁금해 하는 주위 분들의 채근에 절름발이가 되어 쩔뚝이면서 부끄러움을 무릅쓰고 '우리 어메의 쪽박' 이란 시집을 선보인다. 적은 지면에 하고픈 말들을 집어삼키며 내 삶의 족적을 마음껏 그려 넣었다.

어렵게 살아온 내 인생에 등대불이 될 것 같은 이 시집은 질곡의 내 인생 행로에 마지막 선물이 될지도 모르겠다. 이 시집의 출간을 계기로 실타래 마냥 엉켰던 마음의 빗장을 풀고 헌신과 베풂을 두 날개로 삼아 한 마리 독수리처럼 창공을 훨훨 날아오르고 싶다.

마음속에 잠자고 있던 말들을 책으로 엮어 이 세상에 나올 수 있도록 물심양면으로 도와 준 나의 소꿉친구 손흥상님의 깊고 따뜻한 마음에 감읍할 따름이다. 백번 천번 감사하고 고마울 따름이다. 나의 자랑스럽고 사랑스러운 친구 손흥상님의 우정을 어찌 다 말할 수 있으랴. 다만, 마음 깊은 곳에 오래오래 담아두련다.

정욱 손인식

추천의 글

저자와 일면식도 없는 내가 교열을 부탁 받아 일련의 출간 작업에 참여하게 된 것은 순전히 손홍상님의 진솔한 우정에 감동해서이다. 저자의 표현처럼, 친구의 시집 출간을 위해 애쓰는 그는 분명 '깊고 따뜻한 마음'의 소유자였다. 짧은 시간도 시간이려니와 작자의 의도를 훼손하지 말아야 한다는 생각에서 교열은 맞춤법 정도나 손보는 데서 그쳤다. 중언부언하는 부분도 더러 눈에 띄고, 상투적이고 걸러지지 않은 표현들이 목구멍에 가시처럼 걸렸으나, 그대로 둘 수밖에 없었다. 과연 시란 이름을 붙일 수 있을까 싶은 것들도 많은 게 사실이었다.

하지만 교열이 거의 끝나갈 즈음 문득 이런 생각이 들었다. 과연 시란 무엇일까. 이 세상에 존재하는 모든 시들을 꼭 교과서적인 잣대로 평가하는 것만이 능사인가. 시가 되지 않는다 싶으면 굳이 시란 장르 명칭을 붙일 필요 없이 한평생 흙에 묻혀 살아온 어느 촌부가 부르는 삶의 노래라 여기면 될 거 아닌가.

삶의 글쓰기를 외쳐온 이오덕 선생은 일찍이, 지금까지 보잘 것 없다고 생각하여 덮어 숨기고 멸시해 온 내 것, 우리 것을 다시 찾아내어, 그 가난하고 조그마한 것들을 귀하게 아끼고 드러내어 보이고, 고이 키워가는 글을 쓰자고 주장하였다. 맞는 말이다. 비록 이 시집이 시대 대한 기초교육조차 받지 못한, 그래서 다듬어지지 않은 원초적인 감정을 질박하게 풀어낸 것일망정, 자신의 생생한 육성을 귀하게 아끼고 드러내어 보이고 고이 키워가려는 작자의 건강한 정서만은 소중하게 여겨주었으면 좋겠다.

이순(耳順)의 나이에도, 산으로 들로 천둥벌거숭이로 뛰놀던 어린 시절 우정을 잊지 않고, 망설임 없이 부탁을 하고 그 부탁을 선뜻 들어주는 아름다운 정이 이 시집에 스며있다는 사실을 기억해 주기 바란다.

밀성여자중학교 교사 **강 철 오**

추천의 글

코스모스 피어 있는 고향역에서 다시 만날 연인을 기다린다는 '고향역' 이라는 유행가가 한때 히트를 쳤던 적이 있다. 설레는 마음으로 두고 온 고향으로 열차를 타고 가는 정경을 담고 있는 그 노래가 아직도 방송매체를 통해 심심찮게 흘러나오는 걸 보면 고향이라는 단어는 누구에게나 아련한 추억을 불러일으키는 모양이다.

가끔 고향을 찾을 때마다 변함없이 선산을 지키고 있는 손마디 거친 친구의 모습을 보곤 한다. 동네 어귀에 버티고 선 느티나무처럼 고향을 지키고 있는 친구와 이제는 객지 사람이 다 돼버린 나의 모습에서 묘한 대비감을 느낄 때가 있다. 고향 친구는 도시에서 성공한 내 모습을 보면서 부러운 시선을 보내기도 한다. 한편, 오랜만에 고향을 찾은 나는 그런 친구를 보면서 애잔한 마음을 가진다. 시집 '우리 어매의 쪽박' 에는 고향 친구에 대한 한 사람의 이런 애잔함이 깃들어 있다. 시인과 그의 고향 친구가 그 옛날 동심의 세계로 돌아가 나란히 어깨동무하고 걸어가는 뒷모습을 보는 것 같아 출판을 준비하는 내내 마음 흐뭇하였다.

나는 문학도가 아니기에 이 작품집에 대해 뭐라 평을 할 처지는 못된다. 그러나, 수십 년의 세월 속에서도 빛이 바래지 않고 이어지고 있는 아름다운 우정에 큰 박수를 보내고 싶다. 설령 시가 되지 않으면 어떤가. 그 어떤 현란한 언어보다 이토록 아름다운 마음들이 모여 빚어진 결과물이니 달리 무슨 평이 필요하겠는가. 시집 속에 녹아 있는 아름다운 우정이 시기와 미움으로 더럽혀진 우리의 마음을 잠시나마 씻어주지 않겠는가.

주) 삼립프레스 대표 **이 호 용**

후원의 글

저자 손인식 시인은 내 어릴 적 고향에서 함께 성장한 '꼬치친구' 다. 그와 나는 아침마다 책보따리 등에 지고 신작로를 따라 학교 길을 오갔다. 그리고 여름이면 벌거벗고 함께 미역을 감았다.

비록 오랜 세월 고향을 떠나 살아오기는 했지만, 가슴 저리게 살아온 그의 인생 역정을 나는 너무나 잘 안다. 그래서 나는 그가 내미는 손을 차마 뿌리칠 수 없었다.

'악어의 눈물' 이라는 말이 있다. 사회적 약자 앞에서 강자가 거짓으로 흘리는 동정의 눈물을 비유한 말이다. 이 시집을 출간하기까지 보탠 나의 자그마한 정성 또한 '악어의 눈물' 로 비칠까 염려스럽다. 부디, 나의 도움이 값싼 동정으로 치부되지 않기를 바란다.

이 책을 엮어 친구에게 무슨 명예를 안겨주겠으며 경제적인 이익이 돌아온다 한들 얼마나 되겠는가. 오직 내가 바라는 것이 있다면 굽이굽이 험로를 헤치고 살아온 그에게 위로와 격려가 되기를 바랄 뿐이다.

'우리 어매의 쪽박' 은 그저 평범한 촌부의 일기장에 기록된 낙서 정도로 보일지도 모르겠다. 하지만 모두가 떠나버린 고향을 지키면서 살아온 그의 생생한 목소리가 담겨 있기에 용기를 내어 시집 간행에 작은 정성이나마 보탰다. 시인의 말처럼, 그가 이번 시집 간행을 계기로 삶의 의욕을 되찾아 실타래 마냥 얽혀 있던 마음을 풀고, 환갑이 지난 나이지만 힘차게 새로운 삶을 일구어나갔으면 좋겠다. 어릴 적 천진난만한 친구의 환한 얼굴을 다시 볼 수 있기를 빌어본다.

친 구 손 흥 상

우리어매의 쪽박

값 10,000원

초판인쇄 | 2009. 2.
지 은 이 | 손인식
펴 낸 이 | 이금용
펴 낸 곳 | 도서출판 고려동
부산광역시 서구 부용동 1가 46
Tel. (051)256-8201, Fax. (051)256-8211
인 쇄 | (주)삼립프레스 srpress@daum.net

ISBN 978-89-89289-18-0